¡BUENOS DÍAS!

¡Hoy hace hace un día estupendo! Don Yata se con ganas de ir de excursión. Termina de colorearlo y coloca la pegatina del sol en el cielo.

EL DESAYUNO

Don Yata tiene que desayunar bien. Le espera una larga caminata y necesita fuerzas. Rodea lo que crees que debe desayunar.

¿QUÉ DESAYUNAS TÚ?

EL PASEO

Don Yata decide ir a la cascada. ¡Es un paseo precioso! ¿Por dónde debe ir? Repasa con el dedo y coloca las pegatinas en el camino que le lleva hasta allí.

¡MENUDO SUSTO!

Don Yata llega a la cascada y se sienta a descansar. Hay animales que disfrutan bañándose, señálalos. Pero de repente… ¡Catapún chimpún! ¡Ay, ay! Alguien se ha caído y llora... ¿Quién es? ¿Lo ves? Rodéalo.

¿ALGUNA VEZ TE HAS CAÍDO? CUENTA CÓMO SUCEDIÓ.

EL ENCUENTRO

Don Yata se acerca. Quiere ayudarlo, pero no sabe quién es. Nunca había visto un animal igual. Observa los animales de abajo y recuadra cuál podría ser.

¿QUÉ HARÍAS TÚ SI ALGUIEN SE CAE?
¿CÓMO LO AYUDARÍAS?

EL DESCUBRIMIENTO

¡Es una suricata! Se llama Bambina. Va al desierto a reunirse con su familia para ver juntos el primer sol. Pero no sabe ir sola. ¿Crees que don Yata la acompañará? Marca tu respuesta. Colorea a Bambina y haz lunares blancos en su ropa.

¿AYUDA DON YATA A BAMBINA?

PREPARAR LA AVENTURA

¡Claro que la acompañará! A don Yata le encantan las aventuras. Su navegador les indicará el camino. Primero, en casa, preparan sus mochilas. Coloca las pegatinas para guardar las cosas grandes en la de don Yata y las pequeñas en la de Bambina.

¿QUÉ LLEVARÍAS TÚ EN LA MOCHILA?

EL MAPA

¡Ya está todo listo! El navegador les indica que para llegar al desierto tienen que atravesar la sabana, la selva y el bosque. Recorta y pega en orden los sitios por los que deben pasar.

¿A DÓNDE PREFERIRÍAS VIAJAR TÚ?

Un adulto debe cortar por aquí.

LA SABANA

Empieza el viaje. Bambina observa con atención la sabana.
¡Es inmensa! Pero de momento solo ve dos árboles.
¿Son iguales? Busca y señala las cinco diferencias.

¡CUÁNTOS ANIMALES!

Después de todo el día andando, don Yata y Bambina se encuentran con muchos animales. ¿Hay leones? A don Yata no le gustan... Ayúdalos a reconocerlos. Une cada animal con su silueta.

PRUEBA A HACER SOMBRAS DE ANIMALES EN LA PARED UTILIZANDO LAS MANOS Y UNA LUZ.

¡A DESCANSAR!

Ha sido un día intenso. Don Yata y Bambina necesitan descansar. ¿Dónde dormirán? A Bambina le encanta dormir bajo tierra, y don Yata prefiere hacerlo cerca de un árbol. Coloca las pegatinas.

AGUA

¡Qué calor hace! Don Yata y Bambina han encontrado una charca. Quieren recoger agua para el resto del viaje. ¿Dónde podrían guardarla? Rodea los objetos que les pueden servir.

JOSEFA

En la charca, se encuentran con una familia de jirafas. ¡Vaya, pero si es Josefa, la mejor amiga de don Yata! ¡Qué gran sorpresa! ¿Sabes cuál de ellas es? Colorea la jirafa más alta: es Josefa.

LOS LEONES

Don Yata presenta a Bambina y Josefa…, pero de repente algo va mal. Hay leones a lo lejos. Don Yata se asusta. Tiene miedo. ¿Qué cara pondrá don Yata? Señala con una pegatina.

¿A TI QUÉ TE DA MIEDO?

MÚSICA EN LA SABANA

Los leones son amigos de Josefa y tocan en una banda. Para ayudar a don Yata a superar su miedo lo invitan a un concierto. Son muy amables. Don Yata ya no los ve tan peligrosos. Pero en esta fiesta hay algo raro. Descubre y tacha los tres absurdos.

¿QUÉ INSTRUMENTO TE GUSTARÍA TOCAR A TI?

¡QUÉ ALEGRÍA!

Es hora de despedirse y continuar. El concierto ha sido muy divertido y, gracias a Josefa, ahora don Yata tiene amigos leones. Está muy contento. Dibuja su cara.

¿CÓMO ES TU CARA CUANDO ESTÁS ALEGRE?

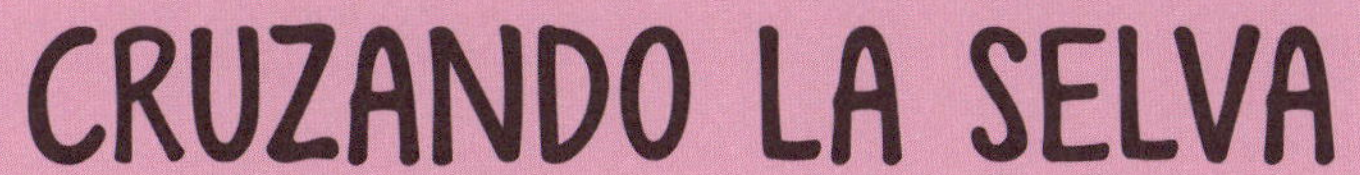

CRUZANDO LA SELVA

Don Yata y Bambina tienen que cruzar rápido la selva para no perder tiempo. ¿Por qué camino la atravesarán antes? Puntéalo.

PUENTE COLGANTE

¡Estupendo! Don Yata y Bambina han tomado el camino más corto. Ya solo queda cruzar un cañón, pero... ¿qué le falta al puente para que puedan pasar sin caerse? Dibújalo.

¿CÓMO TE IMAGINAS OTRA FORMA DE CRUZAR?

RUMBO AL BOSQUE

Cada vez están más cerca del desierto. Don Yata y Bambina ya ven el bosque, ¡pero el camino está lleno de barro! Es mejor pisar las piedras. Coloca las pegatinas para completar el camino. Fíjate en que siguen un orden.

INVENTA OTRA SERIE DE COLORES CON TAPONES O BOTONES.

EL RÍO

Antes de entrar en el bosque encuentran un río. Tienen que cruzar al otro lado, pero no saben cómo. Ayúdalos. Piensa diferentes opciones y dibuja algo para que puedan pasar al otro lado.

EL BOSQUE

¡Por fin están en el bosque! Bambina y don Yata lo miran asombrados. Los árboles son enormes y muy diferentes, pero… ¿qué tienen todos en común? Rodéalo.

EN BUSCA DE COMIDA

Bambina y don Yata tienen hambre. Bambina decide excavar y buscar bajo tierra. ¡Bien! Ha encontrado muchos insectos. ¿De qué manera podría atrapar el mayor número de ellos? Ayúdala trazando el camino.

Don Yata busca frutos del bosque. Sus preferidos están en un arbusto circular, son morados y están unidos de dos en dos. ¿Lo ayudas a encontrarlos? Pega bolitas de papel en el arbusto donde están.

A DORMIR

Y después de cenar, ¡a dormir! En el bosque hace frío comparado con la sabana. Bambina se mete bajo tierra y don Yata saca su saco de dormir. Coloréalo según el código.

1 → 2 → 3 →

UN ACCIDENTE

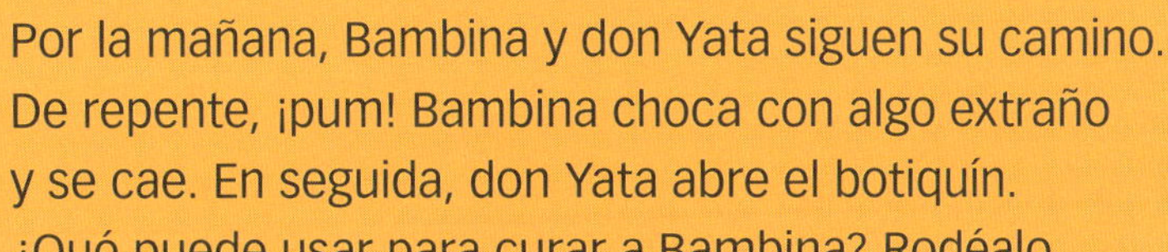

Por la mañana, Bambina y don Yata siguen su camino. De repente, ¡pum! Bambina choca con algo extraño y se cae. En seguida, don Yata abre el botiquín. ¿Qué puede usar para curar a Bambina? Rodéalo.

EL ESCONDITE

Bambina ha chocado con un jabalí que jugaba al escondite con otros animales. El jabalí les pide perdón y los invita a jugar con ellos. 1, 2, 3... Todos se esconden. ¿Sabes dónde están? Une la parte del cuerpo que encuentres con el animal correspondiente.

¿QUÉ DOS ANIMALES SIGUEN ESCONDIDOS? BÚSCALOS.

LA DESPEDIDA

Don Yata y Bambina se lo han pasado genial, pero muy pronto la familia de suricatas se reunirá para tomar el primer sol, así que deben darse prisa. Se despiden de sus amigos, aunque algunos no han jugado con ellos y no los conocen. ¿Sabes quiénes son? Rodéalos.

EL DESIERTO

Bambina ya puede ver el desierto a lo lejos. Don Yata está impresionado. Imagina cómo es el desierto. Puedes pintar, colorear, pegar papelitos... Crea un desierto como más te guste.

¿QUÉ ES LO PRIMERO QUE HARÍAS SI ESTUVIERAS EN EL DESIERTO?

EL PUNTO DE ENCUENTRO

¡Lo han conseguido! Don Yata y Bambina han llegado a tiempo. Solo falta encontrar el lugar de reunión. Tienen que buscar una roca grande con dos cactus y una duna detrás. ¿Sabes cuál es? Dibuja un punto rojo en el lugar correcto y pega allí a Bambina y don Yata.

EL PRIMER SOL

Bambina le dice a don Yata que el primer sol en familia es lo mejor de todo el año. No puede explicárselo, tiene que verlo. Pica el círculo, pega papel celofán detrás y dibuja los rayos para enseñarle a don Yata el primer sol.

EL VIAJE

Bambina abraza a su familia. Estaban preocupados. Pero, de repente, todos huyen. Se asustan al ver a don Yata. Bambina les explica cómo la ha ayudado a llegar hasta aquí. Pega la pegatina de la parte del viaje que falta y señala la que más te ha gustado.

LA GRAN FAMILIA

La gran familia de Bambina ha preparado una bonita fiesta a la que invitan a don Yata. Bambina busca a sus padres y hermanos, que se han mezclado con los invitados. ¿La ayudas a encontrarlos? Van vestidos como ella.

¡HASTA PRONTO!

La aventura ha sido impresionante, pero don Yata tiene que volver a casa. Está feliz por dejar a Bambina con su familia. Y además se lleva un recuerdo muy bonito. ¿Te gusta? Decora el marco.

1

3

8

17

14

34

23

37